Datteln im Schnee

Bibliografische Information der Deutschen Nationalbibliothek: Die Deutsche Nationalbibliothek verzeichnet diese Publikation in der Deutschen Nationalbibliografie; detaillierte bibliografische Daten sind im Internet über dnb.dnb.de abrufbar.

Herstellung und Verlag: BoD – Books on Demand, Norderstedt

ISBN: 9783759704757

1. Datteln im Winter

2. Datteln im Frühling

3. Datteln im Sommer

4. Datteln im Herbst

Datteln im Schnee

Schrumpel vor dich hin kleiner Engel,
Das Licht in deinen Augen wird noch warten.
Es sind nicht deine Mängel,
Du gehst unter im Garten.
Aus dem Schnee stichst du nicht heraus,
Man verwechselt dich mit dem Schmutz der Äste,
Es wird dich keiner aufheben.
Für ein Kind bist du das Beste,
Bis es von seinen Eltern aufgefordert wird,
Dich fallen zu lassen.
Im erwachsenen Alter bist du keine Dattel,
Sondern Mensch
Und das Kind von damals jetzt groß.
Zuflucht, sie lassen dich trotzdem fallen,
Wie Datteln im Schnee.

Datteln im Winter

Gesichter

Am Abend bist du wild, deine Haare trägst du
Zerzaust,
Lippenstift leicht verschmiert, bewusst.
Heute hast du keine Faust
Nur Weinachtsfrust
Den du in alkoholfreiem Glühwein ertränkst.
Um zehn müsstest du eigentlich Zuhause sein,
Die fünf Minuten nimmst du dir.
Du schiebst es auf die Bahn
Und steigst aus in Wahn.

In deinem Bett verschmierst du wie Ölfarben,
Nur Wasser würde deine Nacktheit nicht erlösen,
Dichte durch unterschiedliche Gewichte,
Konntest du dir aus dem Chemie Unterricht merken.
Der Atem deines Lehrers roch
Nach zweit Vaterschaft und Kirschwasser,
Seine arme Tochter. In Kneipen, wenn er feiert,
Ruft er nicht ihren Namen.
Auf Bunsenbrenner ein Hoch.

Unter deinen Augenbrauen wüsste niemand,
Dass du die Klassik zitierst und deinen Zopf
Mit dem Zopf von Herzensbrechern verzopfst.

Wenn Elfen helfen

Schöne Mauerblume,
Dein Vater ist nicht hier.
Während du deine Blätter um ihn formst,
Badet er in Bier.
Möchtest du, dass er sich um dich kümmert,
Liegt dein Ausweg in Trümmern.
Er wässert nur mit Hochprozentigem
Und überlässt dich dem Zweizüngigem.
Spaltet dich in Hälften,
Genießt dich doppeldeutig.
Gott schaut zu und denkt sich,
„Wenn Elfen helfen",
Denn dein Vater ist gestorben.

Knete

Empfinde ich meinen Hals als zu kurz,
Strenge ich ihn lang,
Bis ich auf Dächern staunen kann.
Sind die Schuhe zu steil,
Bücke ich mich nicht sondern,
Ziehe mich runter wie ein mechanischer Bösewicht.
Zu leicht? Kein Gewicht, puste ich mich auf und
Dränge dich so aus meinem Haus heraus.
Es ist in meinem Leben kein Platz für dich,
Außer du machst dich klein wie Knete.
Wenn ich dich nicht abschießen kann wie eine
Rakete. Ist mir langweilig, so hole ich dich aus der
Dose, wie eine verdoste Aprikose.
Ich bin allergisch für Aprikosen.

Wale am Morgen

Wünsche mir Wal Gesang,
Wache auf durch Wahl Gesang.
Welchen Tag haben wir?
Ist heut schon weinachten?
Nein, Bundestag.
An den Gehwegen von gestern,
Stolpere ich auf Steuerscheinen.
Mental gehe ich durch abgelegene Hütten,
Bis ich meine finde,
In der ich sein kann.
Neben Kaffee und Kuchen,
Gäbe es Gouache.
Wände die ich nicht mehr,
Mit Anträgen schalldicht pflastere.
Ein Sein ohne Werdegang,
An der Seine ohne Rang.

Das natürliche Aufwachen
Und Wale am Morgen.

All die Lichter unter den Sternen

Sind es die Sterne
Die uns belächeln,
Dass wir sie in fünf Schritten aufmalen.
Sind es die Lichter,
Die durch das Knipsen unserer Augenlieder lächeln.

Vielleicht lachen sie dich aus,
Sie seien keine Pointilisten.

Gewinner

Es wird passieren, du wirst bald siegen,
Denn jeder liebt Gewinner.
Du willst ihnen etwas beweisen
Und brichst Zuhause hinab wie Gewitter.

„Du hast es geschafft",
Willst du hören,
Doch bei deiner Dankesrede
Siehst du den kleinen Menschen im Spiegel.

Kannst es nicht fassen,
Du auf deiner Bühne.
Wenn du nur wüsstest,
Dass es dir fehlt,
An Geduld und Sühne.

Den zweiten Platz
Willst du nicht.
Hinter dem Vorhang platzt
Aus der Hose dein Gewicht.
Du bist ein Lügner,
Deine Krämpfe sind ehrlich,
Doch durch das Bauchreden
Wirst du leider nicht ehelich.

Hund und Halter

Tiere auf Erden,
Wir sind Tiere
Einige zumindest
Dich jedes Mal aufs
Neue erfindest
Du kannst es nicht
Ändern
Hunde bleiben Hunde
Und du Halter bleibst
Ein Hundehalter
Ob jetzt oder im alter
Kümmerst du dich um
Schnäuzen
Die sich auf deinem
Teppich sträuben.
Jedes Wort klingt
Gleich
Sei es hungerschrei
Oder Liebeserklärung
Sie bellen.
Als Menschen
Können sie sich nicht
Human erstellen.
Es fehlt ihnen an
Empathie
Der Saber Fluss
Buchstabiert
Pro Jahr ein Wort
Es ist
Soziopathie,
Hätte ich eine Leine
Groß genug für deinen
Sturen Nacken
So würde ich dich
Aufhängen oder
In die Transporter Box
Packen.
Vielleicht weiß der
Tierarzt was mit dir los
Ist.
Ich bezweifle
Denn du bist was du
Bist
Dem Hausarzt du aus
der Nierenschale frisst.

Obdachlos

Auf deinen
Shopping Gängen
Du aber ihre
Musik verzehrst
Während sie sich
Vom leeren
Applaus
Nähren.

In der Kälte
Ohne Decke können
Sie nicht gären.

Unaus gepackte
Abgelaufene
Aufbackbrötchen
Auftauen, einfrieren
Schwitzen und frieren.

Apokalypse

Es ist das Ende der Welt,
Hast dir einen Sarg bestellt,
Ob der noch ankommt
Wer weiß, die Postboten sind hartnäckig.

Machst dich nackig,
Bist etwas nachdenklich.
Musst du wirklich sauber sein,
bevor du zur Asche wirst.

Auf einem Bildschirm
Deiner Wahl,
Starrst du auf fiktive Qual.
Jetzt wo du nichts verlieren kannst

Verlierst du immer noch nichts.
Wartest du auf eine Terminfreigabe,
Des Jüngsten Gerichts,
Geh endlich raus

Koste exquisite,
unbearbeitete Panik,
Ohne Skript
Und Requisite.

Spieglein Spieglein

Siehst du mich in Spiegeln Klopfen,
Mich spiegele in deinem nächtlichen hopfen
Nur leider spiegeln sich nicht nur Spiegel,
Alle Gläser in deinem Haus du zerschlägst.
Das Spiegelei auf Silbertablett du deiner Mutter
Abschlägst.
Wirst du verrückt davon, dass ich nicht da bin, um
Dich anzuschreien.
Der Grund, wieso du das Aneinanderreihen deiner
Probleme nicht hinkriegst,
Nur über Leichen siegst.

Spieglein Spieglein an der Wand, wer ist der
Dümmste in deinem Land.
Plötzlich ist der Spiegel leer,
Dich selbst im Spiegel spiegelst wie Teer.

Zimt

Du Bist wie Zimt,
Vermengt mit Zucker, versüßt du Alltage.
Zergehst auf meinen Fingern,
Auf Kekskrümmeln machst du dich toll.
Nehme ich dich pur zu mir,
Ersticke ich an Moll
Akkorden.
Weinachten in meinen Lungen,
Versuch es doch mit Äpfeln,
Anstatt hier Opferfest zu feiern,
Welches ich eigentlich gerne tue,
Außer wenn ich das Opfer bin.

Verunstaltet in deinen Armen

Siehst du mir zu, wenn ich mich ausziehe, wenn meine Hose sich nicht von meinen Altlasten hinunterrollen möchte und das Hemd mir den Oberkörper aufknöpft, willst du mir dann deine Hand geben, um mich wieder zuzuknöpfen. Glotzt du mich an wann immer ich es nicht schaffe in meine Schuhe zu steigen, ich so oft versuche in sie hineinzuspringen, dass ich umfalle und vor Scham dann mein Gesicht verdecke, denn schwäche will ich auf keinem Bein, dein Krieger kann ich so ebenfalls nicht sein, wieso lässt du mich dann mit dem Leben kämpfen, wenn ich es gar nicht wagen möchte. In Bahnen kann ich meinen Blick kaum halten, ich möchte mit niemandem einen Augenblick austauschen, starre ich in die Luft so gucken mich die Basketballspieler finster an und gucke ich runter so zwingen mich die Schaben meinen Blick wieder nach vorne zu richten, gucke ich jetzt nach vorne so muss ich ihnen zwischen die Wimpern gucken, das möchte ich aber nicht. ich finde einen Punkt in der Bahn, wo man meinen Blick in kein Auge zurückverfolgen kann, ich finde keinen Segen, der mich mit nichts assoziieren lässt, bis sich jemand erneut umsetzt und ich erneut eine andere Stelle finden muss für das zwanglose Starren, bis ich aussteigen kann. Sag mir stellst du dich vor mich damit ich niemanden anblicken muss. Sag mir legst du dich vor mich, dass ich nicht auf das nackte Gleis springen muss.

Kaugummi

Die Art wie du dein Kaugummi kaust,
Zeigt mir Frust, den du
Nicht runterschlucken kannst.
Irgendwann ist dein Mund ausgefranst,
Denn nachts knabberst du dich selbst an.
Autokannibalist entspann ein wenig.
Mit Löchern in den Wangen,
Kann jeder deine Zähne fangen.

Armes Ding

Du lachst etwas zu laut,
Und machst dich klein bewusst.
Hast du gewusst,
Dass alle schauen.
„Guckt mal, was die sich traut",
Sie lachen dich leise aus,
Willst getragen werden
Und wendest dich an Männer Herden,
Nur wollen sie dich nicht im Ganzen
Sondern dein Viertel Gewicht,
Unter gedimmtem Licht.

Erotomanie

Freundin, Freundin.
Ich bin einsam.
Drehst du dich von mir weg,
Male ich dein Gesicht mit Leinsamen.

Freundin, Freundin.
Die Welt möchte dich ermorden,
Folge mir in den Norden,
Lass den Ruhm zurück.

Freundin, Freundin.
Du bist in Gefahr.
Sie sind hinter dir her,
Scherben im Scherbett,
Deinem Dessert.

Freundin, Freundin,
Gib mir ne Chance,
Ich bin deine Erlösung,
Vor der Tötung.

Matsch

Im Schnee trete ich auf dein Gesicht,
Vielleicht verstehst du mich einfach nicht.
Mit deiner Riesennase
Kannst du nicht riechen,
Dass ich leide.
Kannst du aus den Knöpfen sehen,
Kannst du ohne Beine vernünftig stehen.
Du musst mich nicht anflehen,
Denn ich kann dich nicht retten,
Ich kann die Sonne nicht an den Mond ketten,
Es würde mich den Weltuntergang kosten,
Dich am Leben zu halten.
Am liebsten würde ich deinen Körper falten
Und ihn in die Antarktis tragen.

Du hattest einige finanziell schwierige Tage hinter
dir,
Jetzt bist du flüssig, bläuliche Farben.

Stoisch

Keine Regung, es gibt keine Erregung.
Blickst du mich verschwommen an,
Siehst du eine erkältete Leiche.
Bin ich dir selbst leblos zu bunt,
Überkippst du mich mit Bleiche.
Ich höre Gekreische, noch am Leben,
Nicht tot, nur weil ich keine Hand hebe.
Garnichts Preisgeben.
Nachts in der weißen Kälte, ich lebe.
Meine Gedanken sind käuflich,
Deine sind häufig.
Binde den Kragen,
Fester, wenn meine Gedanken aus den Haaren
Ragen.
Statisch aufgeladen,
Das Geheimnis meiner makellosen Haut,
Ist nicht die künstliche Pflege, es sind Maden.

Tanzende Ballerina

Des Lebens ultimative Grausamkeit ist es
Dich zum Zerfall anzustiften.
Das Vergessen deiner Erinnerungen
Wird dich irgendwann hinrichten.
Traumtänzerin,
Tanz und hol sie ein,
Heb in die Luft, dein fragiles Bein,
Das Löcher in den Boden stampfen kann.
Die Zeit rennt dir davon,
Würdest du nur noch einmal Tanzen,
So stände dein Alzheimer in deinem Bann.
Kennst du noch dein Publikum,
Wie sehr sie dich lieben,
Wenn der Tanz sprechen könnte,
Würden sie dich zitieren,
Leider bekommst du nichts davon mit.
Dein Gesicht hält mit deinen Füßen nicht mehr
Schritt.
Jetzt bist du deine Vergessenheit,
Gebrochene Blüten, Haarausfall.
Kränkelnder Kristall,
Das Licht unterbricht deinen Verfall,
Es geht durch deine Falten,
Trifft deine Tochter, sie ist gespalten.
Ist es, weil du sie nicht mehr sehen kannst.

Du bist zurück,
Am Anfang vom Ende,
Ergibst dich an blendende Wände.
Todestanz, was ist nur diese berauschende Substanz,
Ist es wie du zu dir gefunden hast.
Ist es, weil du wieder Tanzen kannst.
Das Spiegelzimmer spiegelt dein älteres ich
Und du erinnerst dich einfach nicht.

Die junge Tänzerin,
Tanzt ein letztes Mal,
Sie zergeht nach der siebten Pirouette.

Selbst Im gebrochenen Saal,
Trägt ihre Asche Etikette.

Jacke

Du knüpfst sie,
Deine Probleme wie eine Jacke.
Innen essen sie dich auf,
Botanik Attacke.
Fleischfressende Pflanze,
Pflanzt sich auf deine Brust
und frisst deine Emotionen auf.
Sie sind robust, die Probleme
Halten aber nicht warm.

Eisläufer sind Kreisläufer

Schlittschuhe anprobieren kümmert dich kaum,
Kürzt den Saum,
Du kriegst keine Luft,
Möchtest nur aufs Eis.
Blendet die Sonne, so kleidest du dich weiß.
Die Umgebung verfließt,
Bist ihnen zu temperamentvoll
Mit deinem weißen Overall.
Ziehst dich deswegen aus

Wirst geschmissen raus.
F.K.K. Freikörperkultur.
Oder liegt es einfach an deiner Kultur.
Du fragst dich,
Jetzt da das Eis zu Wasser wurde,
Bist du doch jetzt im Schwimmbad
Und da ist Nacktheit teilweise erlaubt,
Du verstehst nicht.
Warst ihnen erst etwas zu bekleidet
und dann zu unterkleidet, nackt.
Gleitest du nur wie ein Bauer,
Bist du ihnen zu exakt.
Dein Kopftuch ist schön,
Es ist dein
Und trotzdem reißt
Du dir heraus Arm Haar und Bein
Damit du dazugehören kannst.

Das Eis,
Bist du,
Eingekleidet in Weiß,
Vergisst du oftmals wie du heißt.

Lustmölchin

Betrunken in Badewannen,
Versunken schwingst du Pfannen.
Ich mag dich nicht,
Bemerke aber dein wechselhaftes Gewicht.
Wenn du in die Luft starrst,
Mit Lippenstift auf Wänden malst,
Malst du keine Blumen,
Sondern Runen,
Die sich aus deinen Kratzern ergeben.
Würde man diese knacken,
So würdest du dir,
Deinen Arm abhacken.
Pass auf dich auf
Und nimm nicht so viele spirituosen mit
Beim Einkauf.

Akupunktur

Steche ich mir in die Haut,
Auf eine medizinöse weise,
So bleibt mein Körper leise,
Die Nadeln aber singen laut.
Hinter jedem stechen,
Steckt ein Wunden Fechten.
Mein Rücken isst toll.
Die Geschichten meiner Rippen
Schmecken voll-
züglich.
Wenn ich mich vor Ärzten ausziehe,
ist es nicht anzüglich.
Wenn ihre Tränen tropfen,
Möchten sie sich mit Sterilität vollstopfen.
Hast du mal einen kranken Arzt gesehen,
Sie würden es sich niemals gestehen.
Ehe ich es nicht der Welt zeige
Wird mein Vater es niemals verstehen.

Seifenkutsche

Die Badewanne ich mit meiner Depression
Beschmutze, unzähmbare Wellen, muss ich mich mir
Selbst stellen. Jetzt wirkt das Wasser blau,
Durch das lange Baden in kochendem Wasser,
Wirkt meine Haut gelblich rau.
Ganz gar.
Borstenschwamme mich auf den Küchenboden,
So möchten mich die weißen Mäuse loben,
Der Kaffeesatz macht sie ganz dreckig,
Auf den Schwänzen von alten Zirkusakrobaten,
Liegen alle meine privaten Daten,
Ich habe vergessen die Tasse zu waschen,
Die Mäuse aus meiner Zukunft naschen.
Nur Gott weiß, was sie schmecken
Und wieso sie den Käse in Abfalleimer stecken.

Rastloses Herz

Weltschmerz,
Immer auf Reisen,
Kein Eisen im Blut.
Ist dies dein Tribut,
Niemals richtig lieben,
Monatlich die Schmetterlinge,
Auf einen anderen Sieben.
Das Meer kann dich kennen,
Es zwinkert dir in jedem Land zu,
Wenn Heiratsanträge dich rennen
Lassen, Wirst du deine große Liebe hassen.

Ein rastloses Herz,
Lässt sich so gut transportieren wie Eisenerz,
In Stücken.

Ist ein Schneemann Kunst oder das Leben

Was fühlen wir, wenn wir Schneekugeln aufheben.
Ist es Adrenalin?
Wir haben Kontrolle.
Wirft das Leben dich ab, machst du eine Rolle.
Die einen Schöpfen, andere zerstören.
Für den Tod eines Schneemannes kann man dich
Nicht verhören.
Ein fragiles Leben auf Erden.
Verliebst du dich in einen Schneemenschen, kann
Dieser dir nicht für immer gehören.
Sie schmelzen dann, wenn es am härtesten wird.

Ist ein Schneemann Kunst oder das Leben,
Oder ist ein Schneemann alles wonach wir streben.

Datteln im Frühling

Gottes Abgleichungen

Führen über einen Windzug,
Durch deine Umrisse.
Es ist nicht der Hügel
Auf deiner Nase,
Der dich zum Stolpern bringt.

Deine Zeichnung ist
Eine Herausforderung.
Setze ich mich auf deine Oberlippe,
Blicke ich in
Zwei Richtungen.

Die Schüsse aus deiner Nachbarschaft,
Lassen dich etwas kompliziert wirken.
Du drehst mir den Hals um, als wäre ich in
Blau Birken gefallen.

Dein Kühlschrank liegt in geschlossener
Erbschaft und du gehörst nicht
dazu. Wirkst du deswegen so blass?

Dein Licht zuhause ist immerzu
Immer zu.
Deine Eltern sparen,

An deiner Erziehung.
Wenn sie aus dem Haus sind,
Setzt du dich
Zur Ruh. Ist es nicht einsam
Wenn ich so daran denke,
Wie du in deinem Zimmer.
Geknüllt Auf deinem Bett im
Trümmer, ich meine Hand
Zur Hilfe durch den Schacht
Stecke, um dich aufzufalten.
Deine Gewichtete
Decke dich aber leider
Nicht gut einschlafen lässt
Und du jetzt
Auf Perlweiß verblutest.

Oh je, deine Mutter ist traurig
Und tröstet die Waschmaschine.

Maultasche

Mäuler in Taschen,
Könnte in deine Fresse packen,
Ab in meine Tasche!
Klebe dir am besten,
Deine Augen auf den Nacken.
Vielleicht achtest du jetzt
Mal mehr
Auf deine Mitmenschen,
Sonst reimt sich nichts,
Außer Gutmenschen
Und das isst du nicht.

Robo Braut

Auf Knien flehe ich nach Heilung,
Ich bekomme stattdessen
Eine angebrochene Kiste Gläser
Und Aufgeilung.

Siehst du, was ich mit meinen Armen mache,
Wenn du sagst „wein",
Dann weine ich.
Wasser oder Wein,
Lache.

Außer, wenn du es nicht willst,
Dann hänge ich mich nämlich auf
Wie ein Gemälde,
Du liebst Kunst.

Rokoko,
Ich bleiche,
Oder abstrakt,
Dann verschmiere
ich meine Züge
wie angefahren von Zügen,
Richte ich mich wieder auf.
Zurückspulen,
Wenn du es mal realistisch willst.

Kannst du es riechen,
Wie deine Opfer dir in dein inneres Kriechen,
Welche Art von Radioaktiv,
Lungert in dir herum,
Es ist der Superlativ.
Zersetzung Stumm-
Kino, Niemand kann etwas hören.
Auf die Aussagen von Seelen,
Kann man nicht schwören.

Schlampermäppchen

Ist es, weil du nur eine Öffnung hast

Schlampermäppchen

Dich jeder reicht und fasst

Schlampermäppchen

Du dich einfach nicht verlieben kannst

Schlampermäppchen

Du deine Muse bist

Schlampermäppchen

Nur auf vorübergehenden Tischen isst

Schlampermäppchen

Arme Fotografen

Man bringt dich zum Schweigen,
Drehe ich mich um,
Leckst du an Geigen,
Klingt etwas wässrig.

Du möchtest berühmt sein,
Menschen berühren,
Magengeschwüre,
Verknotete Zunge. Latein.

Deine Sprache ist tot,
Legt man sie auf Brot,
Wird man nicht satt,
Magerer Belag.

Du gehörst aufs Abendblatt,
Wenn alle schlafen.
Arme, arme Fotografen.

Die Schere

Kann es sein,
Dass du es vermisst zu sterben.
Machst du so weiter,
Wird niemand deine Seele erben.
Heiter auf Leitern.
Möchtest du den Boden
Bis zum Aufprall meiden.
Du hast niemanden,
Um zu schenken.
Du beschenkst dich ja nicht mal selbst.
In deiner eigenen Welt
Wirst du niemals älter.
Ich bin besessen
von deiner Lebensmüdigkeit.
Reiche ich dir die Hand
Schnick, Schnack, Schock.
Benutzt du sie als Schere
Und zerreißt das Band,
Dass dich am Leben hält.
Macht es dir Garnichts aus,
Dass ich mich nicht um dein totes Ich
Schere.

Die Ruinen

Rufen uns in sich hinein,
Außerhalb können wir nicht überleben,
Mit jeder Minute die wir zögern,
Schlachten sie ein Schwein,
Ich kann mir die Welt nicht mehr geben.

Bist du bereit alles fallen zu lassen,
Für eine Veränderung musst du nicht bezahlen,
Kein warten an Kassen,
Für den Aufenthalt in der Ruine,
Brauchst du keine Sandalen.

Du lachst mich an,
Ich lache dich aus.
In deinen Alpträumen wird es keinen Applaus
geben, mit diesem Schicksal
wirst du dich nicht in den Himmel erheben.

Ich rede zu viel,
Du denkst zu wenig
Nach, Bin ich uneinig
Mit deiner Stille, gibt es Krach.
Die Ruine ist unsere Erlösung.

Wir kommen nicht rein,
Denn wir sind nicht im Reinen
Mit uns selbst.
Fordert man dich auf zu rennen,
Brichst du dir dein Bein.

Du bist auf dem Boden der Tatsachen,
Wenn du hier stirbst,
Wirst du mir deine leere Kalender Sammlung
Vermachen.
Aus Durst du deinen eigenen Sabber schlürfst und
Dir deinen Appetit verdirbst.
Deine Gedanken sind dreckig.

In meinen Träumen bist du viereckig,
Du verstaubst in Ecken,
Mit Lebensratgebern lecken,
Deine Zunge sophistisch,
Restlos verblödet.

Wenn du auf Käfern knabberst,
Machst du sie hochintelligent.
Und während du vor den Ruineneingang sabberst.
Rutschen sie durch dich durch,
Ohne deine Menschensfurcht.

Ich kann nicht mehr und ziehe dich weiter ins
dunkle,
Jener jetzt herrschender Käferkönig munkele,
Dass das Essen angekommen sei.
Als sie dich entdecken, bereiten sie dich zu
Und servieren deine Dummheit mit Ei.

Sollte ich dich nicht eigentlich retten,
Stattdessen helfe ich beim anfetten.
Als Krönung lasse ich Honig
Auf deine Mundwinkel regnen,
Vielleicht kommt es gesüßt deinem Geschwätz
Entgegen.
Vielleicht werden dich die Götter so segnen,
Wenn du sie aufs Ohr haust
Und dem Himmel die Wolken
Aus dem Horizont klaust.

Gartengeflüster

Die Bäume bewegen sich elegant,
Zwischen den Dornen meine zweite Hälfte
Verschwand, veröffentlichte dieses Buch,
Erlosch hinter einem dreckigen Tuch,
Huch, wer war ich nur.
Verdünnt in Desinfektionsmittel,
Nehme ich mich pur
Zu mir, entbundener Kittel,
Neues ich, möchte ich nicht.
Matche mit mir selbst,
Lerne ich Neues kennen,
In meinem alten Kinderzimmer pennen.
Glückliche Familie,
Ab Lästerung, ein Erich Kästner Universum,
Ich wurde gestohlen, wer hätte es geglaubt,
Beobachten mich die Mäuse im Garten,
Wie ich Performance Kunst mache
Und mit meinem neuen Match lache.

Offene Augen

Sind eines Toten Augen offen,
So kann dieser nur hoffen,
Einen weiteren Monat zu leben,
Um das ultimative Ziel zu streben.

Sind eines Toten Ohren spitz,
Blick bloß nicht durch den Schlitz,
Er kann hören, dass du starrst.
Du auf das silberne Armband im Hinterzimmer
Beharrst.

Ist eines Toten Nase zu,
So riecht dieser dein sexualtabu,
Du hast was mit seiner Kuh,
Welche nur antwortet „Muh".

Zweitrangige Milch leicht klebrig,
Widerwärtig wie sich die Verwandten um falsch
Gold zoffen. Er kann es ihnen nicht sagen,
Vielleicht steht es auf seinen Unterlagen.

Der Tote steht auf beiden Beinen nanu!
Liegt es an der Halluzinogenen Milch,
Der geschändeten Kuh.
Neues Imperium, führt zur Änderung von
Wahlprogrammen, die blau Braunen das erste Mal
Links schwammen.

Sind eines Toten Augen offen,
So ist das Leben etwas besoffen.

Auf geben

Aufgeben
Offene Gurkengläser
An Obdachlose
Vergeben
Die Hälfte
Weggefuttert.

Du den Armen
Ihre Schuhe butterst
Hände leer
Arme haben keine Schuhe.

Die Sprudelhexe macht sich an Quellen Ran,
Trinkst du von ihrem Wasser
Stehst du unter einem blauen Bann.
In ihren Blubberblässchen
Erzählt sie über ihre dramatische Romanze
mit einem Häschen
Welche Uhr las.
Ihre Liebe fiel in ein tiefes Loch,
Durch das Gras.

Kannst du die Tassen fassen

Tassen befassen sich mit ihren Körpern,
Beurteilen sich nach ihrem Henkel,
Klare Farbe, feiner Schenkel.
Die Idealen der Tassen,
Kann ich nicht fassen.
Vielleicht sind auch wir Schuld.
Als Season Artikel haben sie Geduld.
Geht die Klappe zu,
Gläsernes Keramik Tabu.
Scherben, Gold, spontaner
Basteleingriff, rufen wir die Japaner!
Sie lehren uns Body Positivity der Trümmertassen,
Als zerbrechliche Geschöpfe,
Können sie nicht die Finger voneinander lassen.

Du bist zu gut für mich,
Deswegen möchte ich dich nicht,
Keineswegs im Sinne von besser,
Denn da wirst du niemals Siegen.
In der Liebe suche ich nach Chaos.
Ich möchte mich mit dem Krieg persönlich
Bekriegen.
Keine Wäsche falten und auf mageren Stühlen
Veralten.
Faulige Früchte auf Obsttellern foltern,
Ich möchte mit keinem spießigen Akzent Olterrn.
Du steckst mir zu tief im Leben,
Ich möchte wie in Büchern leben.

Klingeln in der Nacht

Ich hoffe da ist jemand, der in der Leitung wacht,
Tausende Möglichkeiten
Wer möchte da ran-
Gehen und mit dem Hörer in der Hand.
Vor meiner Haustür stehen.
Du bist Feige.
Spielst die Triangel, ich spiele Geige.
Denkst du, dass wenn du auf dein silbernes Dreieck
Hämmerst,
Jemand kommt, um dich zu retten.
Niemand würde sich für dich auf den Boden Kleben
Oder sich an
Wälder ketten.
Du bist Hass,
In der Ferne.
Packe ich dich an deinem Schwabbelnacken,
Ist deine Hose plötzlich Nass.
Geh zurück in dein Land, Nein ich meine nicht die
Türkei, kommen aus derselben Stadt.
Dafür, dass du dir ständig in die Hose scheißt, ist dein
Arsch ziemlich platt.

Mutter und Vater sitzen auf der Veranda

Sie halten Händchen, mit der anderen marinieren sie Hähnchen, vor ihnen zwei gut gefüllte Gläser Schwarztee, auf dem dritten Stockwerk sehen sie die See. Sie reden miteinander, können lachen, lassen die Aromen krachen aber zwischen ihnen ist alles gut, eine herkömmliche heimelige Brut, ihre Tochter auf ihrem Bett ruht, das Haus ist voller Liebe, es gibt keinen Streit, alle können sich kennen, unsere Türen sind unberührt, die Tapete noch dran, kein Glas gebrochen, unsere Katze kommt aus dem Kinderzimmer gekrochen. Alle sind glücklich.

Wir haben keine Veranda, meine Eltern halten kein Händchen, meine Mutter hasst Hähnchen, wir leben in einer drei Zimmer Wohnung im fünften Stockwerk, zwischen ihnen ist nichts gut und sie krachen sich gegenseitig, ihre Tochter hält sich fern und spielt mit einem gefährlichen Stern. Es gibt viel Streit. Kochen, Schlafen, im Nachgang viel Ärger. Die Idee: es gibt eine Diskrepanz zwischen Sex und Gewalt, niemand kennt sich, durchlöcherte Türen, im losen Beton unter der zerrissenen Tapete kann man Eier rühren, meine Katze wurde seit langem weggegeben und das letzte ist eh Müll.

Ich hätte es gerne geglaubt, aber der Tee war ungekocht.

Ich möchte mir die Langweile aus der Kehle kratzen,
Ziehe aus ihr unendlich viele bunte Tücher.
Jedes meiner Gesichter lassen sich lesen wie Bücher,
Unübersetzt.
Meine zwei Gesichtshälften sind entgegengesetzt.
Die leere in meinem Kopf ist unterbesetzt,
Das ist keine Poesie, das ist Welthunger
Und Wissensdurst,
Seelennöte Notfalls Nummer
Löschen.
Ich kann mich nicht hinsetzen,
Möchte die Welt entsetzen,
Aber die Welt hört mir nicht zu.

Ein Glas Wasser,
Wird durch negative Energie nasser.
Trinkst du davon, wird dein Mundwerk blasser.
Im Tropfen steckt die Tote Mutter deiner Ex.
Wenn du Lebensmüde bist, musst du den ganzen
Inhalt exen.

Tückisch für Anfänger

Du bist so hässlich
Im inneren.
Gucke ich in dich hinein
Wie die Doris
wird mir übel.

Meeting mit deinem Bett,
Ehe du den Kühlschrank ableckst,
Dich sofort mit der Toilette neckst,
Dabei fließt kein Urin hinunter
Sondern Uran.

Du möchtest nicht mehr eklig sein,
Dabei ist deine Haut doch so rein,
Vielleicht mal deine Seele entkalken,
Ja dein Verhältnis zu deinen Eltern war mies,
Aber bin ich dein Vater?

Oh sorry, war das etwa zu fies?
Sieh mich doch als einen Spiegel.
Wirst du nicht besser so
Bleibt deine Kieferstruktur
für immer verdeckt
und deine Verbindungen verdreckt.

Adam Bärtig

Wieso ist deine Mütze so unförmig?
In ihm steckt dein Abendessen von gestern,
Nachdem es sich von dir befreit.
Findest du keine Toilette da, wo du bist,
Du Den Inhalt deiner Mütze frisst.
Dein Arschloch ist Kunst,
Edvard Munch,
Der Schrei.
Dein Schwanz ist so klein,
Es hatte noch nie Körperkontakt
Mit deinem Ei.
Dein Erstes Mal geschieht durch deinen
Altenpfleger,
Der Grund für deine Erektion
Ein Krankheitserreger.

Nicht meine Zukunft

Ich sehe dich an Ufern drehen,
Balancierst deine Sorgen auf dem Rücken,
Während Schwäne auf dir stehen.
Sie sehen, wie sehr du es versuchst,
Sie an jedem zweiten Wochenende besuchst.
Das Wasser will dich nicht liebes,
Es siebt dich heraus mit dem Gitternetz eines Siebes.
Wie deines Vaters Betriebs,
Wird es dich einholen,
du musst es ihm sagen.

Der Glanz von Tau Strahlen,
Spiegelt sich im Herzen deiner
Vergangenen Qualen.
Legst deine Hand aufs Fenster,
Merkst, die Welt ist etwas finster.
Bringst du dein Glück in ein Leben
So erlöst du Gespenster
Und sendest sie in den Himmel,
Verwandelst Schimmel
In Buntglas Gebimmel.

In einem Menschen Beet
Bist du die Hoffnung,
Die die Erde in sich trägt.

Ohrring

Vielleicht ist der
Ehering deiner Mutter
In ihrem Ohr
Der Metalldetektor etwas
empfing
Musst du tiefer ran
Bohr
Doch etwas
Vielleicht findest du
Ja auch die Liebe
Deiner Eltern
Für sich und dich.

Datteln im Sommer

Sommerliebe

Die Sonne kribbelt uns auf,
Zerknitterten Bettbezügen
Mängeln wir uns auf
Geht's nach Draußen.
Alle schlafen noch,
Ist kein Laden auf?
Nicht schlimm.

Fünf nach zehn,
Mit dir möchte ich gehen.

Hallo Welt

Ich frage mich mit wem ich da rede.
Ist es der Ozean oder sind es die Bäume,
Der Mond antwortet mir nicht.
Ich wüsste aber gerne, auf wem ich mich befinde
und ob ich dir vertrauen kann.

Bist ein Zelt,
Aus dem ich nicht raus kann.
Unwissend, ich bebe.
Wie ein türkischer Boden,
Lasse ich Räume zerfallen.
Ist es mein Licht oder die Glut,
Brenne auf wie die Wälder
in meiner Heimat im Sommer.
Dich gibt es ja nicht mehr.

Hallo Welt,
spielst du mit uns wie es dir gefällt?

Außerirdisch

Findest du nicht auch,
Wie schön wir vom weiten wirken
Wenn wir auseinanderbrechen.
Das alkoholisierte Erbrechen
Wird zum nachmittags Wasserfall.
Wenn du weinst,
So lauschen Wolken,
Denn du hast einen Grund,
Sie allerdings müssen auf das Verdunsten von
Wasser warten.
Deine angeschnittene Zwiebel bringt ihnen nichts.
Die Art wie du dich aufregst,
Erscheint mir faszinierend.
Die destruktive Gewalt
in unseren Köpfen
Klingt nach Tintenwelt.
Sind wir das Autokino auf Erden?
In Ufos sehen sie uns ausstrahlen,
Wenn das Gegenüber verascht,
Wird auf anderen Seiten Mutterkuchen vernascht.
Auf Dächern kommen wir uns nahe,
Halte Blickkontakt mit euch Außerirdischen.
Für euch sind wir Film,
Für uns seid ihr nur ein Genre.
Ihr müsst nichts bezahlen
und habt mehr Auswahl.
Scheint mir unfair.

E

Jedes Mal, wenn wir uns verabschieden,
Möchte mein Notizbuch, dass wir siegen.
Es hasst Enden,
In diesem Leben können wir uns nicht vollenden.
An einem Morgen in einer anderen Galaxie,
Fahren wir Taxi,
So frei sind wir.
Wir müssen uns nie vermissen
Und das Notizbuch wäre nie zerrissen.
In einem Haus am Norden,
Wären wir vielleicht älter geworden.

Fürchte mich

Deine Augen sacken in die Nacht herein,
Das Klingeln an deiner Tür kannst du gezielt
Ignorieren.
Hast du den Drang übers dunkele zu reden,
Schenk ein. Gerade jetzt bin ich dein.
Du redest über deine Misserfolge,
Vielleicht bist du mit dem Mond
Nicht seelenverwandt.
Der Buchfink hat sich spontan dir zugesandt,
Möchte dich der Sonne vorstellen,
Während du dich weiterhin deinem Bett willst
Zugesellen,
Schießt du ihn ab.
Du gibst dem Tag keine Chance,
Stehst du auf Früh Tod, treib es doch mit der
Renaissance,
Als erfolgslosen Künstler hätten sie dich bestimmt
Geliebt.
Bist so dunkel geworden,
Deine Lieder tanzen auf labilen Akkorden,
Sie ähneln dir.

Du bist hässlich.
Wärst du ein Vampir,
Könnte Ichs verstehen.
Ich muss gestehen,
Du machst mir Angst,
Deine Haut ist sehr kalt,
Wärm dich doch auf.
Du sagst mir
Küsst du den Morgen,
Wirst du alt.
Küsst du die Sonne,
Bleibst du kalt.

Trunkene Schreiberin

Hallo du,
Du bist am Ende
Und möchtest dein Leben beenden.
Mit deinem Schulterlangen Haar,
Machen sie dich auf einer hölzernen Bühne zum
Narren. Unter gelblichem Pub-Licht,
Dachtest du es würde dich besonders machen.
Die Art wie deine blonden Wellen,
In absoluter Dunkelheit ins Leben erwachen,
Auf Publikumsebene wirken sie wie Schlangen,
Jedes gesprochene Wort,
schwimmt auf halben Weg zurück in deinen Mund,
Unausgesprochen.
Landet ein Satz fast bei einem potenziellen
Augengenossen,
Wird es gefressen von seinem Hund.
Sie ist so traurig,
Wer kommt, um sie zu retten?
Der kranke Bibliothekar,
Welcher nur über die Liebe liest,
Verliebt sich krankhaft in das Geschändete,
Ist es Hoffnung, die du in ihm siehst,
Trunkene Schreiberin,
Ist es Inspiration, auf die du in ihm stießt.

Versunkene Schreiberin.
Glaub mir er wird immer über dir wachen,
Du wirst aber niemals hochkommen,
Wie das Frühstück von gestern.
Kann er dich vor sich selbst retten?
Wird er deine Leiche an sich Ketten,
Trunkene Schreiberin.
Es macht mich sentimental,
Wie du dir auf die Lippe kaust,
Dem Ich, welches du in deinem Schlafzimmer
einsperrst,
Ein paar Gedichte aus ihren Lippen klaust,
Du bist so instabil und triffst falsche Entscheidungen,
Du sagst immer das falsche,
Wurdest du geboren, um zu versagen,
Trunkene Schreiberin.
Ich frage mich,
Was würdest du nur bei deiner eigenen Grabrede
Sagen,
Trunkene Schreiberin.
Immer Schreiberin, nie Autorin,
Zum Schreiben geboren,
Wärst du nicht so zwischen deinen eigenen Wörtern
Verloren.

Arme, arme Leute

Einkaufen aus zweiter Hand,
Kleidungsstücke kolonialisieren wie Land,
Alle wollen diese Schuhe.
Der Weber von allem,
Webt mit Aktuellem.
Niemand möchte seine Ruhe.

Lust auf Shopping
Im Bedürftigen Laden,
Einem Duo ist ein reduzierter
Schottenrock entgangen.
Jetzt brenne sie das Sortiment nieder.

Nehmen den Armen ihre Socken,
Und bedecken Glieder.
Krätze und Intim Pocken,
Selbst schuld.
Habt doch etwas Geduld.
Arme, arme Leute,
Armen Ausbeute.

Ich möchte mit dir entgegen der Sonne rennen
Auf bekratzten Parkbänken pennen
Ich lebe.

Wenn ich meine Arme in die Luft hebe,
Bringe ich Vögeln das Fliegen bei,
Wenn ich in deinen Armen aufwache,
Bringe ich Vögeln das Lieben bei.

Dein Rücken schmeckt nach Vitaminen,
Du lässt mich heilen
Und auf Wolken Schweben.
Benommen lasse ich mich von Wolkenkratzern
Teilen.
Doppelt so glücklich auf Gehwegen.

Verzögerungen

Der Faden der uns eigentlich zusammenführen
Sollte, hat einen Abstecher in die Karibik gemacht,
Etwas in einer Abgelegenen Suppenküche
Rumrühren, auf der Yacht.
Selbst der Teufel lacht und spielt Seilspringen,
Der Faden möchte einen düsteren Karaoke Song
Singen, die Hüften zu Elefantengeburten schwingen,
Macht man das nicht in den Hitzen
Der Welt? Mit einem überschnellen Strauß um die
Wette flitzen, Baden, als gäbe es keinen Morgen,
seine Gedanken muss er nicht Ordnen,
Cocktail in der Hand, Sonnenbrille über den Lippen,
Kurz vor dem Ende muss man nicht höllisch
Schnippen. Alles ist schön, das graue Leben zu
Verpönt. Der Faden bleibt erstmal da und macht sich
Auf Stränden rar. Seine Geschichte so interessant,
Ich habe uns glatt vergessen.

Zigarette

Man solle all die Menschen, die einem schaden,
In eine Zigarette rollen.
Vor dem Anzünden sollten sie etwas schmollen.
Dies sagte der Verkäufer im Laden,
Besseres Aroma, würzig.
Die Asche meiner Feinde ist irgendwie stürzig.
Während einem innigen Kontakt soll man nicht
Puffen, wie der Inhalt der Zigarette,
Den ich jetzt herunterspüle,
In der Toilette.

Verletzer Mechaniker

Ziehst du deine Fetzen ab,
So fallen Schrauben und Nägel
Deine Hand ist noch ganz,
Etwas rau vielleicht.

Welches Werkzeug für Stern und Mutter
Probleme.
Ich weiß, dass es dir schlecht geht,
Wenn man mal dein Herz ölt wie Butter,
Wirst du wie deine Maschinen aufgehen.

Des Morgens Führer führt dich in die Nacht,
Er sieht aus wie die Sonne und redet über Eklipsen,
Wie der Teufel er über dich lacht,
Sein Sonnenlicht macht dich epileptisch,
Du denkst es ist die Spannung.

Selbsthass

Temperatur gesunken,
Irgendwie kalt.
Wenn die Herdplatte gegen deinen Dickschädel
Knallt. Sind deine Gedanken Frostbeulen?
Die Choreografie entstand aus einer 270
Beobachtung von Eulen.
Seelenlos?
Wenn ich frage,
Was ist los?
Setzt du dich auf deinen eigenen Schoß,
Tröstend streichst du dir über deine eigene Wange,
Um deine mentale Gesundheit ich bange.
Autosexuell, kein Fahrtwind.
Man sagt sich du hast es mit dir selbst getrieben,
Und so Orangenschalen in den Salat gerieben.

Tote Fische

Lebendige Gräten,
Kitzeln deine Luftröhre.
Sie muss den Parkour besteigen,
Um dir das Leben zu zeigen.

Senkst du deinen Blick ins Meer,
Bleibt der Himmel für immer leer.
Guckst du nach oben,
So werden dich die Gräten loben.

Erdbeben

Es sind zehn Sekunden,
In denen ich dich verlieren kann.
Drehe ich mich um,
Machst du dich rann.
wie hast du dein eigenes Ende empfunden?
Keine Heimat mehr.
Ich bin hier geboren,
Dort aufgegangen.
Bist du im Gerümpel,
Deines Hauses erfroren,
Jetzt habe ich Antworten,
Wieso du nicht antworten
konntest.
Du bist gestorben.

Marienkäfer

Zerdrückst du
Wie dein Gesicht
An öligen Tagen
Die Poren herausragen
Wie das geklemmte fett
Auf deinen rippen
Dass du so panisch versteckst
Wie du in deinem
Deine Seele mit Salsa fetzt

Ist es, weil du
Marienkäfer zerquetschst?

Mich kannst du nicht zähmen,
Menschen können nicht lieben.
Werde ich von der Arbeit gelobt,
So ist mein Herz unbewohnt.
Niemand zeigt Treue,
Klitzekleine Geheimnisse,
Reue unterbunden von Zeit unabhängigen
Ereignissen.
Ich teile ungern mein Glück, wenn es sich halbiert.
Ich male keine Muse, die sich für mich bewusst
Posiert.
Für Hochzeiten,
Lassen wir uns gerne Sonnen, so werden unsere
Muttermale betont.

Sind wir verlobt mit dem Mond,
Ist es die Sonne, für die wir uns schämen.

Könntest du nur so einzigartig
Sein wie mein Ausschlag
Vielleicht wärst du dann Ausschlag
Gebend für Arbeitsgeber.

Zergehen auf dem Bürgersteig

Ich rede wie ein Eis am Stiel,
Trotzdem weißt du nicht viel,
Nervöser als du denkst,
Wenn du mir etwas schenkst,
Bin ich nicht der, der es auspackt.
Du in diesem Moment alles bedenkst,
Und ob ich es wert bin.
Ist das denn Schlimm,
Dass du dir dein Gesicht in mein Ohr steckst,
Dich in meinen trüben Gedanken versteckst,
Nie wieder rauskommst.
Du mit meiner Melancholie nicht auskommst.
Lasse ich dich nur einen Spalt ins Ende Blicken,
Möchtest du sofort ficken.

Möchte ich Genugtuung,
So grabe ich Löcher in den Boden,
Lege meinen Kopf auf Erde,
Und weine alles von dir in den Erdkern ein.

Bis es verdampft,
Sich wieder in meine Nase stampft
Und mich komplett einnimmt.

Reisebüro

Die Wände kommen näher,
Welche Reise möchte ich eher.
Der graue Mann scheint etwas
Suspekt, wo sind die Reisenden nur
Versteckt. Die Zeit bleibt hier stehen,
Die russisch angehauchte Landkarte
Fragt mich „Willst du mit mir gehen?".
Wohin, Wir dürfen hier nicht weg.
Aus diesem verstaubten Berühmten Versteck.
Die Preise scheinen irgendwie verdreckt,
Zu günstig, wo werden wir landen?
Wie können sie nur meine leeren Augen
Umranden, ihre vorherigen Kunden irgendwie
Verschwanden, Keiner kann mich finden,
Möchten sie mich an eine unendliche
Reisefrist binden,
Zustimmende Locken, möchten mich zu sich
Locken, Sie sagen mir sie sehen ein Talent,
Möchten sein mein Agent.
Ich werde groß rauskommen,
Auf Milchverpackungen.

Öl Teufel

Du bist so traurig,
Dass es mir egal ist, was du fühlst,
Dein Haar ist so ölig
Fehlt dir das Fett zum Kochen,
Du auf deinem eigenen Kopf wühlst.

Maden Vermarktung

Abgepackt in Qualitätsgläsern
Werden sie deine Arm Haare lasern.
Zaubermaden, massieren selbst deine Felswaden.
Sie können singen,
Selbst an fremden Türen ringen.
Saugkraft stärker als Staubsauger,
Drückst du die Äuglein halb,
So wandeln sich die reichhaltigen Maden in ein
Opferlamm, Der Hals hält zusammen mit Schleifen,
Möchtest du es glatter, so kannst du sie schleifen.
Sie können in die Zukunft blicken,
Und dir den neusten Modetrend des nächsten
Sommers stricken.
Zauberhafte Zaubermaden,
Wirst du mit ihnen zusammen baden?

Weißt du,

Ich bete für dich Tag und Nacht,
Derselbe Wunsch,
Wiederholungen ohne Ende,
Das Wiederholen ich mit dem Schlaf beende.
Immer wenn du spricht und lachst,
Für jeden deiner Launen,
Zerschmelze ich Posaunen,
Auf denen ich die Gebete eingraviere.
Ich hoffe und bete,
Ich bete nach jeder Fete,
Wofür betest du denn?
Dass du stirbst.

Die Reste die du nicht aufgegessen hast

Blicken dich an, wenn du den Kühlschrank öffnest,
Es erinnert etwas an einen Wühlstand.
Ich sehe in jeder Etappe die Person, die du sein
Möchtest und die Person, die du bist.
Aus Faulheit du deine Jahresvorsätze von 2016 isst,
In den Kühlschrank haben sie nicht gepasst,
Möchtest du mit deiner alten Haarfarbe gehen,
Vermisst du die Wut.
Dass du jetzt alles runterschluckst,
Aber nicht runterbekommst.
Hast du einen Frosch im Hals,
Quakt dieser damit du nicht einsam fühlst.
Er möchte dich ablenken,
Damit du nicht immer in deinen alten Ichs wühlst.

Erst hattest du zwei Kinder auf deinem Gewissen,
Jetzt hast du auf drei Kindheiten geschissen,
Du willst es nicht hören,
Doch du bist wie dein Vater geworden,
Darauf können ich und meine Mutter schwören,
Ich habe mich bei uns Zuhause nie wohl fühlen
können,
Jede kleine Aufmerksamkeit konntest du mir nicht
gönnen,
Bin ich dein Sohn oder dein Feind,
Du könntest schreien „Das ist doch kein Gedicht,
Es sind Lügen" Ist es auch nicht. Es ist die Wahrheit.
Väterliches Gewicht,
Auf meinem labilen Rücken,
Skoliose lose Aktivitäten,
Ob du mich Bewusst neigen lassen hast,
Damit ich nicht sehen konnte, wie sehr du meine
Mutter hasst.
Klopf Klopf, wir alle sind hinter dir her,
Da wir keine Kunden sind fällt dies dir bestimmt
Schwer,
Ich bin hier mit deiner Vergangenheit, eineiige
Drillingsseele der Gegenwart
Und deiner Zukunft. Sie hält die Hände einer frisch
verheirateten Frau mit blauen Flecken,
Unverheiratete Frauen hingegen würdest du gerne
wie Teig auf deinem Verkaufsthresen strecken.
Krümmel in ihren Kehlen,
Todesursache: Das Seelenstehlen.

An ihrer Hand zieht meine Mutter,
Hinter ihr, ihre Heimat.
Hinter ihrer Heimat alle Länder,
Welche du beschimpfst,
Während du Butter
Schmierst.
Hinter den Ländern,
Folgt die Welt,
Welche sich mit ihrem ganzen Gewicht
Gegen dich stellt.

Du bist nicht hier.
Zähl die Sekunden,
Wir werden dich heimsuchen,
Wie die Spinnen deine abgelaufenen Kuchen.
Rot und blau, ist es die Polizei?
Aus einem schlichten Gebäude,
Hören wir deinen suchenden Schrei,
Blau ist dein Oberteil.
Du im Rotlichtmillieu errötest,
Und deiner Frau im Nachgang dein Fremdgehen
erörterst.

Der Ekel

Erwacht, wenn du beginnst zu sprechen.
Ich möchte dich auf Arten foltern,
Es würde meine Glaubenssätze brechen.
Du verdienst den unendlichen Tod,
In deinen Albträumen wirst du gemästet mit deinem
Brot,
Die Krümmel sollen deinen Rachen ätzen,
Der Stuhlgang soll dir das Sitzen verwehren,
Es soll deinen Schließmuskel zersetzen.
Ich habe so viel Hass in mir,
Es könnte umbringen jeden Stier.

Und wenn du hustest,
Hoffe ich, dass du in die falsche Richtung pustest.

Das innere eines Wäschekorbes sieht aus wie ein
Hochsicherheitsgefängnis
Die Ameisen kommen sich in ihm nicht näher,
Empfängnisverhütung, es bringt dich auf andere
Seiten.
Sie lassen sich in Abgründe leiten,
Knabbern Plastik Schuppen
Ab. Verscherbeln sie an verfluchte
Wäschekorb abhängige Plastik Puppen.
Kannibalen Kabarett.
Es Verkauft sich wie ABC
Ohne C.
Die Ameisen sind sehr intelligent,
Außer wenn ihnen die Zeit davonrennt.

Heute gehst du nicht nachhause

Ich drücke dich
Flach und klemme
Dich zwischen
Ein Buch
Läuft meine Nase
Benutze ich dich
Als ein Taschentuch
In die Tonne kommst
Du nicht
Dem Müll
Ersparen möchte ich
Ein höheres Gewicht
Damit meine ich
Nicht die Häuser
Auf deinem Bauch
Das macht man
Nämlich nicht.

Es ist deine Art zu leben
Sie erdrückt mich
Wärst du aus Ton
Würde ich dich abpacken in Frischhalte
Folie, Luftdicht ohne Ton.

Kronleuchter

Kronenleuchter,
Kann der Zahnarzt sehen,
Dass du an deiner Haut nagst?
Du mit deinem Kopf auf
Dächern nach vorne
Ragst.
Dich vollnässt im Stehen.
Fehlt dir die Wärme?
Du bist keine acht.
Tust dich schwer, wenn
Dein Vater über
Dich lacht.
Ist er mal nicht so nett,
Setz dich hin und pinkel auf sein Bett.

Nasser Ton

Du baust dich vor mir auf,
Ich baue mich ab.
Meine Hand am Knauf,
Du ziehst mich wieder rauf,
Zu dir Hoch,
Ich ziehe mich höher
Und dich runter.
Vielleicht lässt dich
Der Perspektivenwechsel
Besser aussehen.
Deine langweilige Persönlichkeit
Möglicherweise
Schrill und Kunter,
Bleibt grau.
Ich muss zugeben,
Dein gespaltener Ansatz wirkt etwas bunter.

Bist du mal nachts wach,
So gib acht!
Entweder wacht oder lacht
Jemand über dich,
Oder durchsucht
Gerade dein Postfach.

Vielleicht finden sich eure Hände drinnen,
Zwischen Rechnungen und Regenrinnen.

Datteln im Herbst

Datteln im Herbst

Wenn der Unterleib schmerzt,
Das Gericht über einen Baum scherzt.
Eine Frage habe ich an dich,
Wieso eigentlich?
Wünschelruten im Treibsand,
Treibt dich das Bekochen meiner Mutter an Den
Rand,
Schmeckt dir dein spätes Nachhausekommen Nicht
mit Schmand?
Was ich nur hören kann, ist Faule Haut.
Ist es, weil du sie mit jedem verbindest, der Für
unser Haus baut.
Indem sie sich um uns kümmert,
Sie im Balkon zu Folklore kummert.
Du Widerling, macht es dir Spaß, wen dein Sohn auf
Dächern springt?

Mein Vater ist gestern gestorben,
Heute fährt er weg.

Kartoffelbange

Wieso bin ich keinen Versuch wert?
Dass ich mich trenne vom Laub,
Sich rieseln lassen wie glitzernde Datteln, in ein Feld
Voller ausgereifter Kartoffeln.
Ich bin trotzdem immer die zweite Wahl,
Datteln isst man nach der Hauptmahlzeit,
Haupt. Will ich mich enthaupten.
Nur ein Dessert bin ich, beende den Tag, doch am
Nächsten Morgen weg. Denn des Dattels Reste will
Keiner, in keine Mikrowelle passe ich.
Dünge die Erde, doch keine Zunge.

Kartoffeln Gestern, Kartoffeln Heute und Kartoffeln Morgen. Des Dattels mageres Fleisch, einmal und Nie wieder, denn einmal ist keinmal und ich bin kein Hauptmahl.

Altes Obst

Muss geliebt werden

Die Negativen Bruchstücke

Müssen gesiebt werden

Altes Obst

Sie sind die Geschichte auf Erden

Was geben wir unseren Enkeln

Werden sie unseren Kummer erben

Altes Obst

Werden wir uns voreinander ekeln

Altes Obst

Soll ich dir eine zweite Haut häkeln

Altes Obst

Mit unseren braunen Stelle

Altes Obst

Meiden uns Würmer

Altes Obst

Gekickt werden wir vom Gottes Stürmer

Altes Obst

Wir sind am Verderben

Altes Obst

Mit unseren ganzen Beschwerden

Altes Obst

Werden wir jemals älter werden

Kosmische Ovulation

Es gibt kein simples Leben, wenn ich in den Raum
Eintrete.
Wände zerfallen, wenn ich Bete
Und wenn ich es nicht tue,
Hast du deine Ruhe.
Weinend wirst du mich nicht sehen,
Falls doch zerschmelzen,
Teufel und Engel auf deinen Schultern,
Du fragst dich nur wo ist Gott?
Sind es die Himmelsrufe, die triefen.
Ist es, weil das Streichen meiner Nässe dich
wegätzt?
Heilen deiner Knochen.
Brichst du dir den Ringfinger,
Kommst du angekrochen.
Ich kann mich nicht liebbar machen,
Dein Leben werde ich umso unlebbar krachen,
Greifst du nach meinem Herz, wirst du an deinem
Blut lecken,
Was sich liebt, wird den Kopf ins gegenseitige Grab
Stecken,
Stecke in einer Polyamorie mit meinen Fingern,
Sie fragen mich, wieso ich andauernd verschwinde,
Mich an brennende Rinde binde und meinen
Gesamten Körper zuhause lasse.
Nicht auffindbar, diese Seele wird leiden.

Indem ich euch alle verbrenne,
In die entgegengesetzte Richtung renne,
Lasse ich euch mich vergessen,
Stattdessen leben,
Während sie in ihrem Zorn beben,
Lecken an Kerzen,
Mit den richtigen Menschen muss es nicht
Schmerzen,
Ich denke ich habe mich aus Versehen
Selbst befreit.

Kreidezeit

Malen wir auf Bürgersteigen,
Schreiben wir Geschichte.
Aus mittelmäßigen Krakeleien,
Werden schlechte Gedichte.
Das Geschriebene wird lebendig,
Jetzt malst du auf deiner Haut,
Deine Reime werden laut,
Poesie wird zum Geschrei,
Nagelspuren im Brot,
Angeklagte Bäckerei,
In der jeder die Zeit genießt,
Bin ich der Einzige, der wegen den Krümeln niest.
Vielleicht liegt es an den Wörtern,
Eingeritzt in Teig,
Wenn einer zehn Brötchen bestellt,
Steht auf dem letzten immer schweig.

Wenn ich mir ins Auge fasse, scheint es so, als ob die Kontaktlinse vor mir wegrennt.
Es möchte nicht, dass ich nichts sehe
Und so am helllichten Tage im Dunkeln stehe.
Was führt mich in der Nacht,
Ist es mein früheres Ich, welches mich anlacht,
In derselben Ecke gutmütig über mich wacht.
Ich bin müde, will nicht mehr sprechen,
Lasse ich jetzt alles aufhören,
Wird mein zukünftiges Ich mich rächen?

Schein Kassieren

„Und der Beleg" Auf Dauerschleife.
Religiöse Schriften neben Schmierseife.
Blaue Fingernägel bohren in haarigen Nasen,
Oberflächliche Phrasen ziehen sich hinunter,
Scheine ergrauen, die Menschen werden bunter,
Leute von heute,
Das Ende der Welt,
Ich in ihren Gesichtern deute.
Man sagt mir,
In deinen Träumen rechnest du mit Kleingeld,
Es ist der Gedanke, der zählt.

Ich höre nichts

Du rufst mich am Morgen,
Ich antworte abends.

Du stellst mir Fragen,
Ich denke an Rhetorik.

Du erzählst mir deine Traumata,
Ich denke mir schwarzhumorig.

Du wunderst dich, wer ich sei,
Ich antworte bin ich Versailles?
Denn dein Vertrag,
Bricht mir so langsam den Kragen auf.

Wann immer du deine Zunge ablegst,
Um Wörter aufzulegen,
Muss ich flüchten,
Wenn ich dies nicht tue,
Knabbere ich an Sehnsüchten.

Du bist grau,
Aus dir wird man zu schnell schlau.
Wann immer du gehst,
Kenne ich deinen fünften Schritt.
Selbst der Messerschnitt durch Obst,
scheint monoton.
wenn du mir sagst, wie gern du mich hasst,
Nehme ich die Fernbedienung und klicke auf…

Ohne Ton.

Ich bin ein Apfel der Äpfel isst

Mensch der sich mit meinesgleichen misst.
Könnte ich es, würde ich die Konkurrenten essen.
Nicht weil ich Angst habe.
Ich bin besessen,
Von einer Galaktischen Präsenz.
Die ultimative Schöpfungskraft
Quetscht jedes Geschöpf in einen Entsafter Saft.
Trinke den Wert, den ihr vergessen habt.
Es bleiben zurück
Haut und Haar und Todesangst.

Kaffeeklatsch Mäuschen still

Das Lästern mit Bohnen kommt mir zurecht,
Die Atmosphäre hier wirkt irgendwie unecht.
Deine Freunde scheinen abwesend
Wie der Mond.
Sie bezahlen nicht mit Scheinen,
sondern mit Steinen.
Auf jedem von ihnen stehen Geheimnisse,
Jeden Tag gehen sie weiter,
Und irgendwann hält sie in der Hand ein Chorleiter.
singt sie hinaus,
Möchte an die Kirche spenden, kann nicht.
Irgend wessen Suizidgelüste
Hört man noch im Abendlicht.

Kannst du mir verzeihen,
Dass ich es Liebe schlecht zu sein.
Mein Hauchen ist reinigend,
Wenn ich auseinanderbreche, ist es das
Schönste
Was du erleben kannst.
Liebe aus Beton,
Die Momente sind ausgehärtet,
Mit einem Vorschlagshammer kannst du sie
Befreien.
Greife ich nach Sonnenstrahlen fängt es an zu
Schreien.
Kommt der Durst nicht aus dem Himmel,
Werde ich schneien.
Hast du dich an meine Konsistenz gewöhnt,
Zerfließe ich in die Gräser,
Wo du mich versuchst in den Blumen zu
Erriechen.
Ich bin keine Tür,
Sondern ein Fenster,
Dauert es länger an als elf Monate werde ich
Finster,

Ein einmaliges Erlebnis,
Im Kino kannst du mich nicht ein zweites Mal
Anschauen,
Keiner kann dir die Erinnerungen an mich
klauen,
Warst du dein Leben lang auf der Straße bist
du kein
Ausreißer außer als Heimer.

Funkstillen

Wenn eine Mutter ihr Kind stillt,
Muss sie es nicht lieben.
Es ist ein Akt aus Zwang,
Sie zählt die Tage.
Dutzend und sechs verblieben.
Achtzehn Kerzen.

Lebewohle schmerzen,
Bis es sich dann gut anfühlt.
Ihre Brust hat sich mittlerweile abgekühlt.
Mit Ihren Freundinnen kann sie Scherzen.
Bei ihrer Tochter heißt sie Stein,
Ihr Lieblingswort: nein.

Mutter liebt Kunst,
Tochter tut es auch,
Mutter liebt Skulpturen,
Tochter badet in Bierdunst
Und nennt es:
Maskuline Figuren.

Sie werden sich niemals verstehen,
In einem Leben nach dem Tod,
Besuchen sie zwei unterschiedliche Museen.

Wenn ich das G umdrehe, bleibt am Ende über, ein
unvollendetes e.

Schubse ich das A, bis es auf seinen Kopf fällt, wird
es zu einem V
welches zu viel mit sich trägt.

Spiegele ich das S, ist es dasselbe wie ein nicht
umgedrehtes.
Doch S und Ƨ werden niemals zur 8,
auch wenn sie sich küssen.

Bekomme keine Luft,
Auf Wiedersehene
Möchte ich nicht mehr sehen.
Wenn du davon gehst,
Kann ich nicht mehr auf festem Boden stehen.
Alles hinter dir zerbröselt,
Inklusive mir,
Du blickst nicht zurück.
Wenn ich mich unter mir verliere,
Werde ich so irrelevant
Wie eine Zwei-Cent Münze.
Bis mich jemand findet.
Weil die Genugtuung Mitleid für mich
empfindet.

Nie ohne Sorgen

Du bist für mich gestorben,
Ich fühle keine Liebe, wenn du kommst.
Die Ware fühlt mehr Nähe, wenn du sie einräumst.

Du bist für mich gestorben,
Da war ich acht,
Hast mit meinen Tränen geduscht,
Erwacht in der Nacht.
Das Ausgestopfte Bett mit meinen Gefühlen pfuscht.

Unwissenheit meiner Brotdose,
Du weißt nichts über mich,
Kannst du mich durch das Gedicht,
Jetzt charakterisieren.
Gefällt dir, was du liest?
Wirst du Vers für Vers verneinen,
Narzisstisches Prachtexemplar.

Du bist für mich gestorben,
Da war ich noch ungeboren.

Der Dachboden

All die Sachen die wir Verstecken,
Erinnerungen, die unsere Wahrnehmung
Verdrecken, was lungert in deinem Dachboden,
Sind es schlechte Episoden,
Die Welt soll es nicht wissen,
Niemand sollte hinter die Kulissen
Wo das Chaos sich entfaltet.
Honigkäfer, das Licht sich ausschaltet.
Setz dich in die Mitte,
Halte inne deine Tritte, keine Angst.
Das Fehlgeborene Kind,
Krabbelt und möchte nur spielen.
Es ist so allein.
Mit Fossilen,
Lässt es sich nicht reden.
Der Schlag in den Bauch
Ihres Exmannes lässt sich nicht beheben.

Auf dem Dachboden,
Sind die Seelen der Verlorenen
Und die Abgehackten Hoden,
Des Mörders der Ungeborenen.

In einem anderen Leben sind wir vielleicht befreundet,

Wir lachen ohne Angst, keine Hintergedanken,

Narzissen haben nie geblüht.

Deine Wut hättest du nicht durch deine Zigaretten Verglüht.

Keine Diskussionen, Frieden.

Vielleicht wirst du mich siegen

Lassen, neidlos.

Ein emphatisches „Was ist los?",

Kein skeptisches.

In einem anderen Leben möchte ich keine Machtspiele hegen,

In einem anderen Leben kriege ich vielleicht deinen Segen.

Der Regen bewegt sich symmetrisch

Kalt robotisch,
Silberfische schwimmen systematisch
Durch die Straßen.
Nicht schnappbar,
Wer möchte sie bestrafen?
Weil sie alles Schlechte an dir wegessen?
Der Schimmelpilz zwischen Schulterblatt,
Hat dich geformt,
Jetzt bist du Platt.
Dein Buckel ist weg,
Kein Berg im Weg.
Zwischen den Verformungen,
Einer Diskothek,
Denkt man du bist die Wand,
Im Gegensatz zu dir,
Wirken die Silberfische charmant.
Gibt es an dir nichts mehr zu nagen,
Wird sich dein Partner niemals vertragen.
Du magst zwar an Nächten krümmeln, doch geht es
Dir nicht mehr beschissen.
Möchten sich selbst die Lepismen verpissen.

Das Familien Konstrukt

Das Familien Konstrukt zerbricht an seinen Gliedern,
Mutter erkennt sich wieder in türkischen Liedern,
Der Sohn wird zum Soldaten erzogen,
Kleiner Höllenwerter wird aus Stolz verzogen.
Halbmöndin der Nacht die über die zweideutigen
Witze von Räubern lacht.

Sie alle sind das Resultat des Familienkonstruktes.
Es wird einseitig angegriffen, seitdem es steht.
Das Mutterschiff scheint Schuld,
Der Bäcker hegt keine Geduld.
Sie bestrickt all die Stellen, an denen man sie
Verletzte,
Der Bäcker das Mutterschiff mit seiner Natronlauge
Zersetzte.

Wie kann es sein, dass der mechanische Elternteil
Mehr fühlt, der menschliche hingegen in meinen
Prinzipien wühlt, halb Mensch, halb Maschine.
Ich kriege mein linkes Auge nicht geschlossen, wäre
Ich nicht alles, was du nicht sein konntest, hättest du
Mich längst erschossen.

Der Höllenwerter bewacht die Flammen, in seiner
rechten des Bäckers Zangen, in seinem Ofen gibt es
So manche Leckereien: ein Soldat, der seiner Nation
diente, der Grund wieso der Himmel heute leer ist
und das Schiff, welches nie das Wasser berührte,
Im Feuer segeln wir Hand in Hand an einen roten
Meeresrand.

Die These: das Familienkonstrukt scheitert an
dessen Erbauung.

Die Kleckse auf der Wand

Zerstreuen nach null wie Sand,
Sie erzählen mir über das Ende.
Wiedergeburten, Mocha Knistern
Und Lähmungserscheinungen.
Sie springen von Anfängen zu Gelüsten,
Bis sie am Ende des letzen Anfanges einen Ausblick
Auf einen Neubeginn suchen,
Wie kleine Tennisspieler.
Jetzt wo ich die beiden so sehe,
Möchte ich ihre Geschichte nicht mehr wischen,
Um den Maklern ein reines Haus aufzutischen.

Spielplatzrinden

Magst du mich an der Schulter fassen.
Auch wenn ich weiß, dass wir uns hassen.
Der vom Schicksal geküsste Alltag uns auseinanderziehen.
Trotz liege ich bei jeder einzelnen Näherung auf den Knien.
Oh Ich wünscht ich könnt beschreiben,
Welch Weg ich für dich würde beschreiten.

Wenn das Leben mich mal von hinten nimmt,
Sich Das Licht von allein dimmt,
Liege ich auf deinen Lippen
Und falle von Wolkenkratzer Klippen.

Sonne geh und find deinen Seelenpartner,
Dein Platz wird gut gehütet.
Während ich hier hänge mit einem Puritaner,
Die Finsternis uns in ihrem Herzen brütet.

Bei jeder Interaktion ich mich möcht winden,
Suche deinen Namen auf Spielplatzrinden.

Wenn du gehst, dann weiß ich Bescheid.
Es ist nicht der Neid,
Der uns auseinandergetrieben hat.
Wenn der Wind weht, dann wendet sich das Blatt.
Du verschwindest in den Wellen des Meeres,
In jedem Bellen höre ich deine Stimme.
Stimmt es, dass du jetzt endlich standfest bist,
Du jeden Abend mit demselben Menschen isst.
Mich nach jedem Bissen ein kleines Bisschen mehr
Vergisst.